小学校入試対策問題集

パーフェクト

思考問題 1

☆本書の使い方☆

◎ 本書はキリトリ式になっています。

◎ ▲のついている方向を上にしてご使用ください。

◎ この本は「速さ」や「得点力」をみるためのものではありません。制限時間などは指定していませんので、お子様の状態に合わせてご使用ください。

◎ さまざまな難易度の問題があります。難しい問題は、お子様の状態に合わせてヒントを出したり、言葉を言い換えたりしてください。

▶問題01

　果物の部屋の形を、下からブドウ、バナナ、サクランボの順番に重ねたとき、どうなりますか。
右から選んで○をつけましょう。

解答

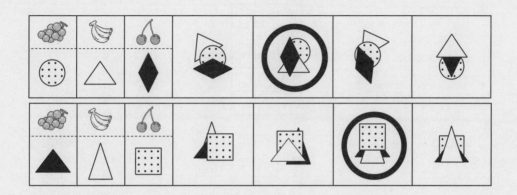

▶問題02

　果物の部屋の形を、下からブドウ、バナナ、サクランボの順番に重ねたとき、どうなりますか。
右から選んで○をつけましょう。

解答

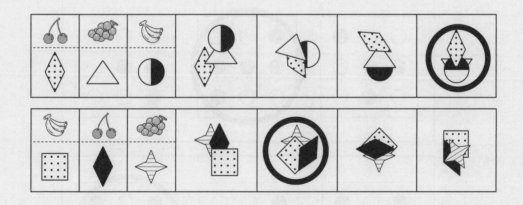

▶問題 03

　形の書いてあるガラスの板を、矢印の方へ太線のところでパタンと折って重ねたとき、○はどのように見えますか。左のマス目に○を書きましょう。

解答

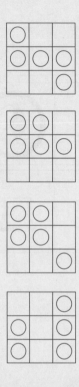

▶問題 04

　形の書いてあるガラスの板を、矢印の方へ太線のところでパタンと折って重ねたとき、●はどのように見えますか。右の中から選んで○をつけましょう。

解答

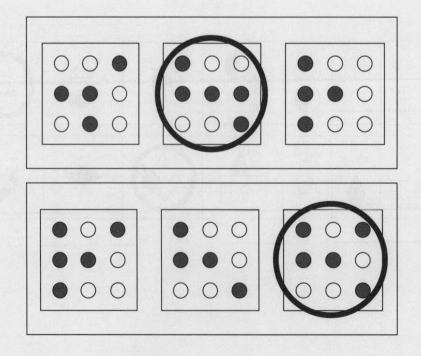

▶問題 05

りんご１個は、○１つと●１つで交換できます。みかん１個は、○２つで交換できます。○１つは
●３つと交換できます。

では、お皿にのっている果物は、下の３つの長四角のうち、どの組み合わせで交換できますか。正
しいものを選んで、左の四角に○を書きましょう。

解答

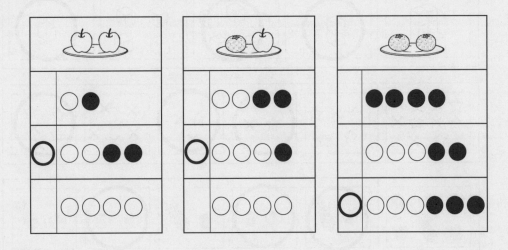

▶問題 06

左端のカードの数にするには、右側のどのカードを合わせたらよいですか。使うカードに○をつけま
しょう。

解答

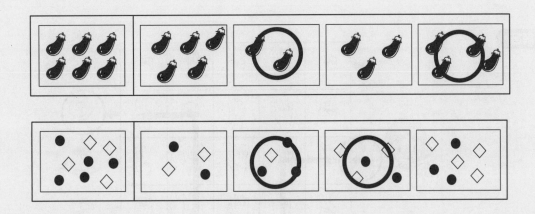

▶問題07

左端のカードの数にするには、右側のどのカードを合わせたらよいですか。使うカードに○をつけましょう。

解答

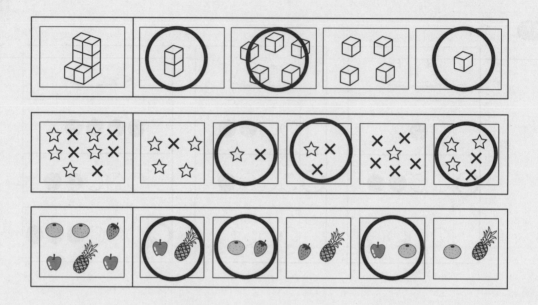

▶問題08

女の子がジャンケンをしながら迷路を進みます。今"グー"を出しました。どの矢印のところへ行けば、勝てますか。左の矢印に○をつけてみましょう。グーで勝てるところは、まん中の矢印の先のマス目にあるチョキですね。迷路は、この矢印からスタートします。今度は、女の子がチョキを出すことになります。女の子がこのチョキでジャンケンに勝つためにはどちらへ進めばよいか考えましょう。
勝つ方に順々に進んでいくと、どのおやつにたどり着きますか。進んだとおりに線を引き、たどり着いたおやつに○をつけましょう。なお、進むときには、斜めには行けませんから注意しましょう。

解答

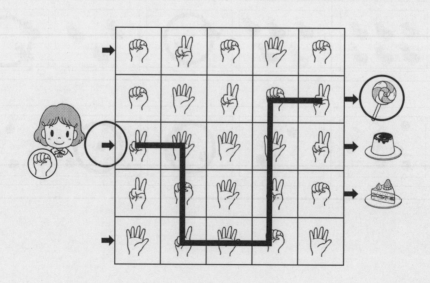

▶**問題 09**

9枚の絵をしりとりをしてつなげていこうとしましたが、1つだけつながらないものがありました。それはどれですか。○をつけましょう。

解答

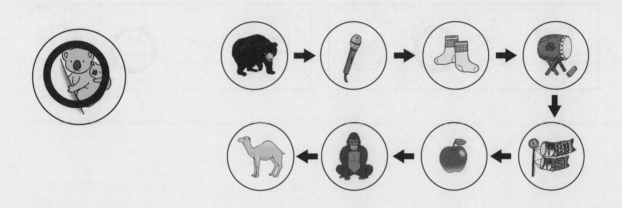

▶**問題 10**

3つの絵の最初の音をつなげると、右の四角の中にあるどの絵の言葉になりますか。絵の右にある印と同じ印をその絵につけましょう。

解答

▶**問題11**

ある約束によって絵が並んでいます。 ? に入る絵を下から選んで○をつけましょう。

解答

 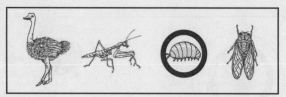

▶**問題12**

　カメ、カラス、ウサギがかけっこをしました。カラスはカメに勝ち、ウサギはカラスに勝ち、カメはウサギに勝ちます。左上の四角からスタートして、かけっこに必ず勝ちながら右下までたどり着くには、迷路をどのように進んだらよいでしょう。進んだ通りに線を引きましょう。

ただし、上、下、左、右へは進めますが、斜めには進むことができません。

解答

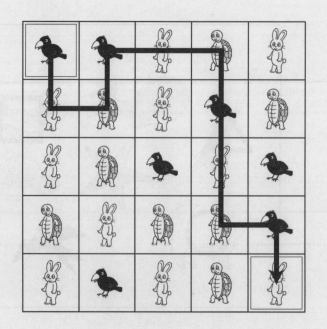

▶問題 13

　観覧車が矢印の向きに回っていて、1つのゴンドラに1匹ずつ、ブタから順番に乗っていきます。今、りんごのゴンドラにブタが乗ったとき、みかんのゴンドラに乗るのは誰ですか。その動物に○をつけましょう。ただし、★マークのゴンドラは、ドアが壊れているので乗れません。

解答

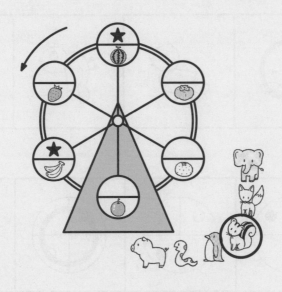

▶問題 14

　お母さんと似た姿で生まれてくるものに、○をつけましょう。

解答

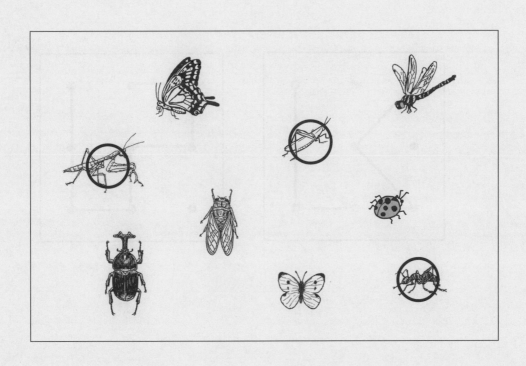

▶問題 15

絵や形が順番に並んでいます。あいている□に入るものを、下から選んで○をつけましょう。

解答

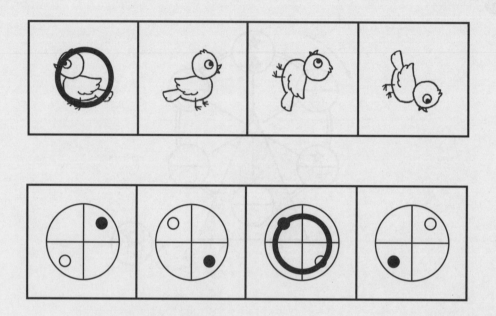

▶問題 16

真ん中のところで折って、左側を右側に重ねると、左側の線はどうなりますか。右側に書きましょう。

解答

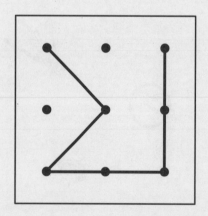 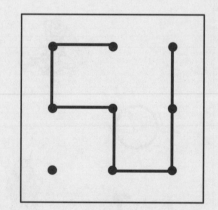

問題17

犬が栗を 10 個拾って家に帰ります。どの道を通ればよいですか。線を引きましょう。

解答

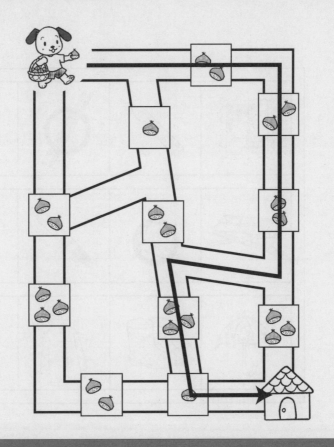

▶問題18

左に、透きとおった2枚の板があります。これを裏返しにしないで、黒い点を重ねるとどうなりますか。右の四角の中から選び、○をつけましょう。

解答

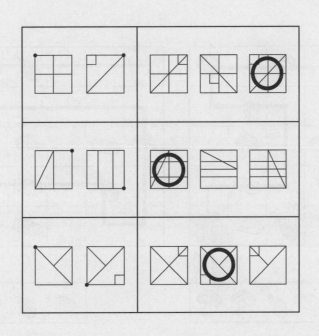

▶**問題 19**

仲間はずれを探して、〇をつけましょう。

解答

▶**問題 20**

　左上の犬が、右下の自分の家までパン、肉、きのこを持ち帰りながら道を進みます。家に持ち帰る食べ物は、下に書いてあります。また、途中でお友達の犬に、絵にある食べ物を届けてから自分の家に帰るときもあります。どのように進んだらよいのか、道を線で結びましょう。ただし一度通ったところは通れません。行き止まりの道もあります。

解答

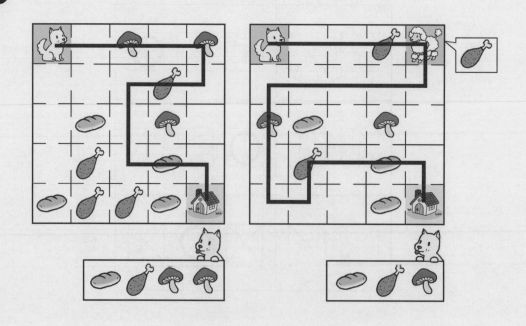

▶**問題 21**

　てんびんは上の□の中のようにつり合っています。下の4つのてんびは、長四角の中のおもりを、いくつのせると釣り合いますか。その数だけ、それぞれの四角に○を書きましょう。

解答

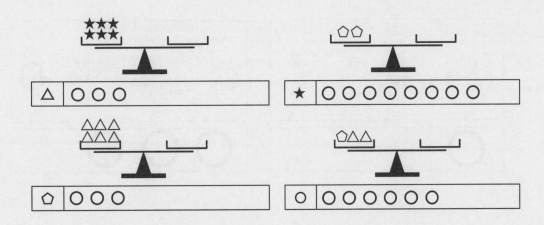

▶**問題 22**

　これは道路をつなげる問題です。行き止まりにならないで、道路がうまくつながるようにするには、? のところに4つの中のどれを入れるとよいですか。1つ選んで○をつけましょう。

解答

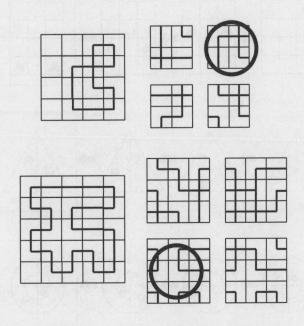

▶問題23

　動物たちが紐を引っ張ると、結び目はいくつできますか。その数だけ長四角の中に○を書きましょう。

解答

▶問題24

　あるきまりで形が並んでいます。最後の絵はどうなりますか。印を書き足しましょう。

解答

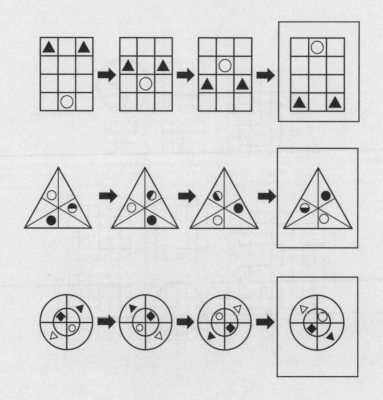

▶問題25

ルーレットは右に回り、果物がうごきます。

①バナナがキツネのところへ動きました。みかんはどの動物のところにありますか。右上の中から選んで、〇をつけましょう。

②ウサギのところにブドウがあるとき、ネコのところにどの果物がありますか。右下の中から選んで、〇をつけましょう。

解答

▶問題26

ゾウとキツネは、同じ果物をできるだけたくさん食べます。ゾウとキツネは、それぞれ上の絵のように並んでいるイチゴとバナナを食べます。ゾウとキツネができるだけたくさん食べたあと、残った果物の数だけ〇をなぞりましょう。

解答

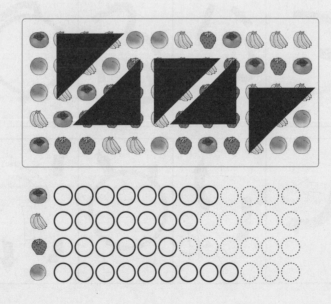

▶問題 27

　ゾウとキツネは、同じ果物をできるだけたくさん食べます。ゾウとキツネはそれぞれ、上の絵のように並んでいるイチゴとバナナを食べます。ゾウとキツネができるだけたくさん食べたあと、残った果物の数だけ○をなぞりましょう。

解答

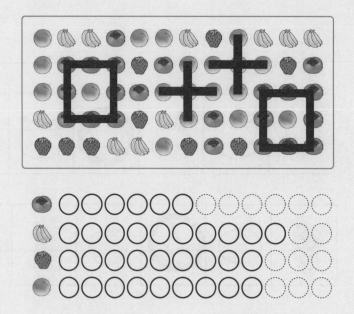

▶問題 28

　左の形を点線のところで切るとどうなりますか。右から選んで○をつけましょう。

解答

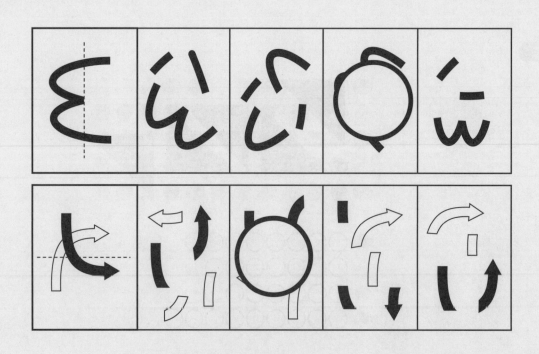

▶問題 29

左の形を点線のところで切るとどうなりますか。右から選んで○をつけましょう。

解答

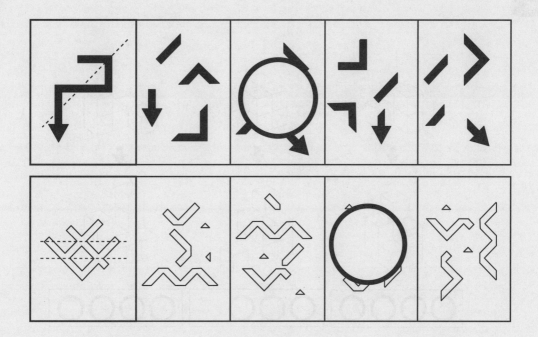

▶問題 30

積み木の数だけ○を書きましょう。

解答

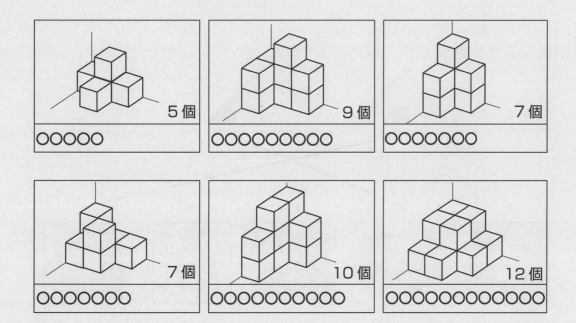

▶問題 31

上の積み木を下の積み木と同じ形にするには、あといくつ積み木があればよいですか。その数だけ〇を書きましょう。

解答

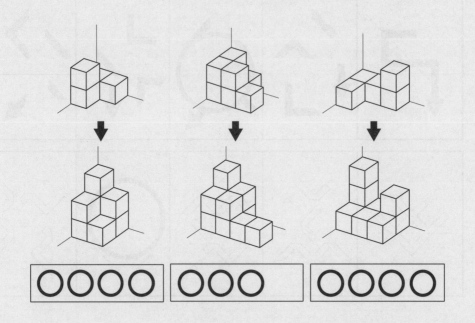

▶問題 32

折り紙を三角形に2回折って、黒いところをハサミで切りました。開いたときどうなりますか。正しいものを下から選んで線で結びましょう。

解答

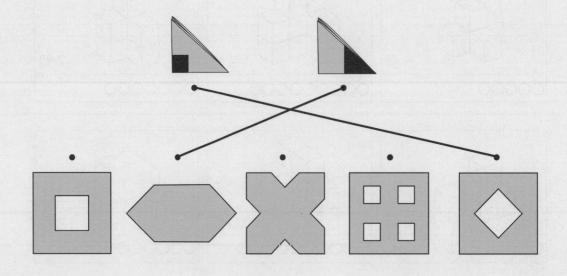

▶問題33

　犬とネコがジャンケンをしながら、☆からスタートしてお家まで進みます。ジャンケンは、グーで勝つと1つ、チョキで勝つと2つ、パーで勝つと5つ進み、あいこのときは進めません。

（サイコロ1）ジャンケンをしたら、このようになりました。犬はどこまで進みましたか。その場所に○をつけましょう。

（サイコロ2）ジャンケンを5回したら、1匹だけお家につきました。どちらがお家に着きましたか。動物に○をつけましょう。また、あいているところは何を出しましたか。○をつけましょう。

解答

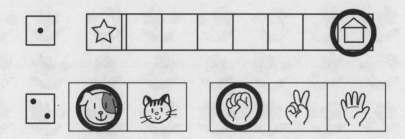

▶問題34

　左の形と右の形を合わせて、上の四角の形をつくります。どれとどれを合わせればよいですか。線で結びましょう。

解答

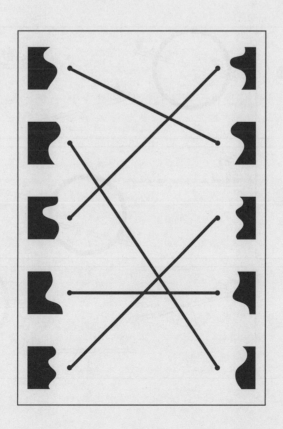

▶問題 35

左上の形と同じものに〇をつけましょう。

解答　8個

▶問題 36

左側のてんびんが釣り合っています。右の3つの中から正しい絵を選んで、〇をつけましょう。

解答

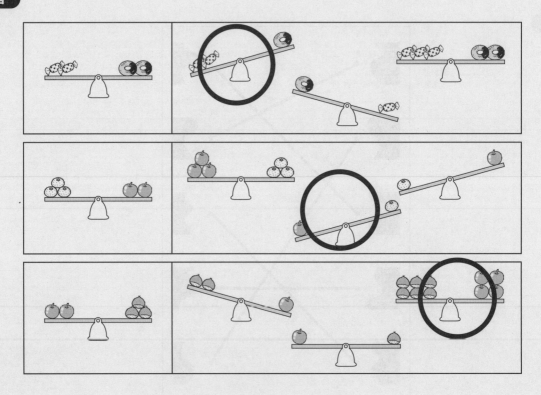

▶問題 37

左の形を矢印の方向に、矢印の数だけ倒したときどうなりますか。右から選んで〇をつけましょう。

解答

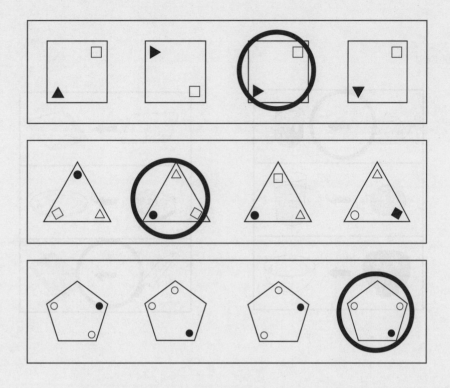

▶問題 38

（上の問題）左の四角は最初にあったバナナです。それをサルが食べたので、右の四角のバナナになりました。サルはいくつバナナを食べましたか。その数だけ★のところに〇を書きましょう。

（下の問題）サルがバナナを食べたので、右の四角のバナナになりました。最初にバナナはいくつありましたか。その数だけ★のところに〇を書きましょう。

解答

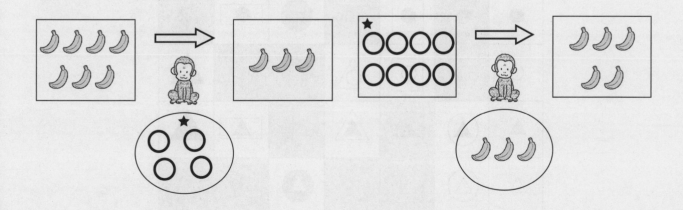

▶問題39

左の関係をみて、同じような関係のものを、右から選んで〇をつけましょう。

解答

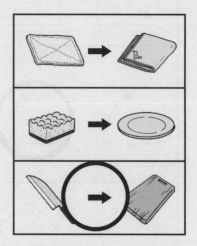

問題40

ある約束で絵が並んでいます。あいているところに入る形を書きましょう。

解答

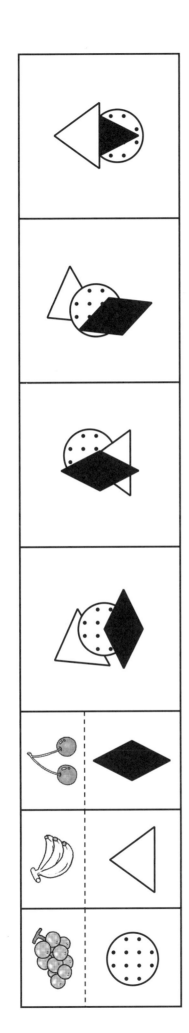

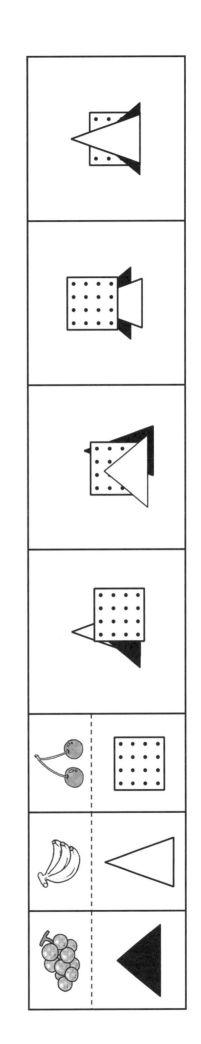

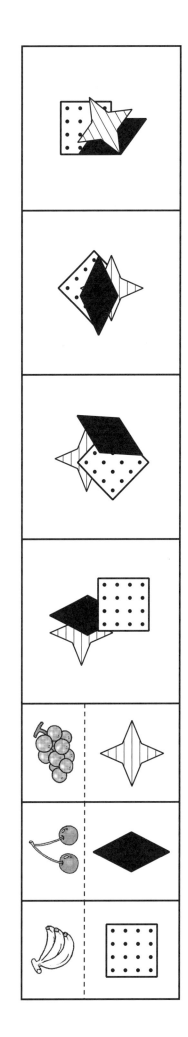

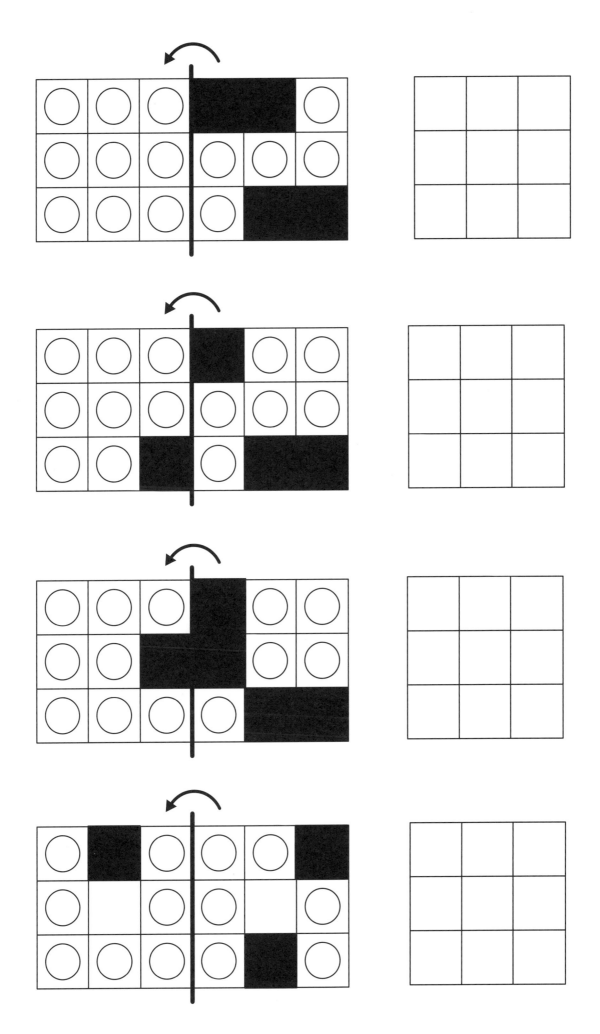

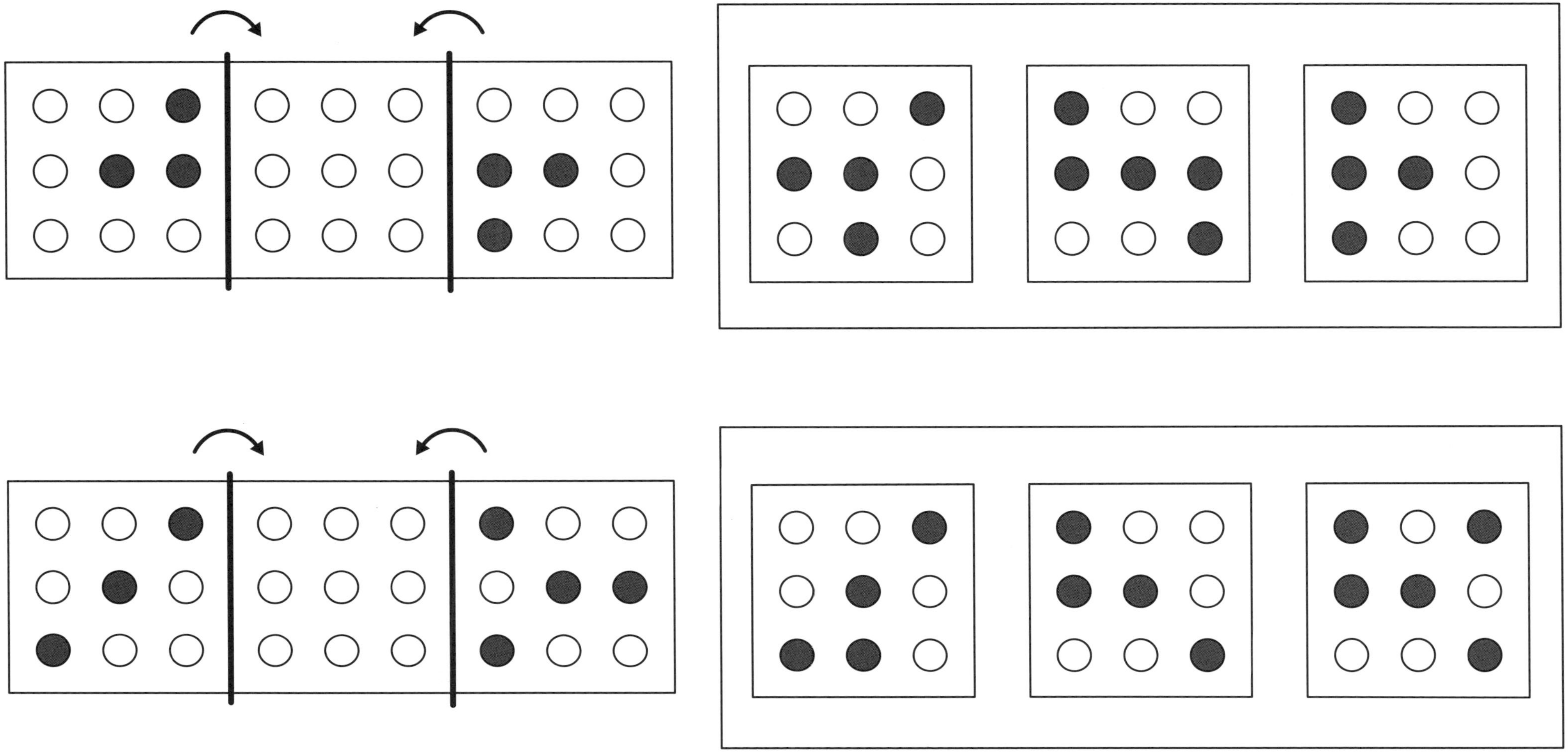

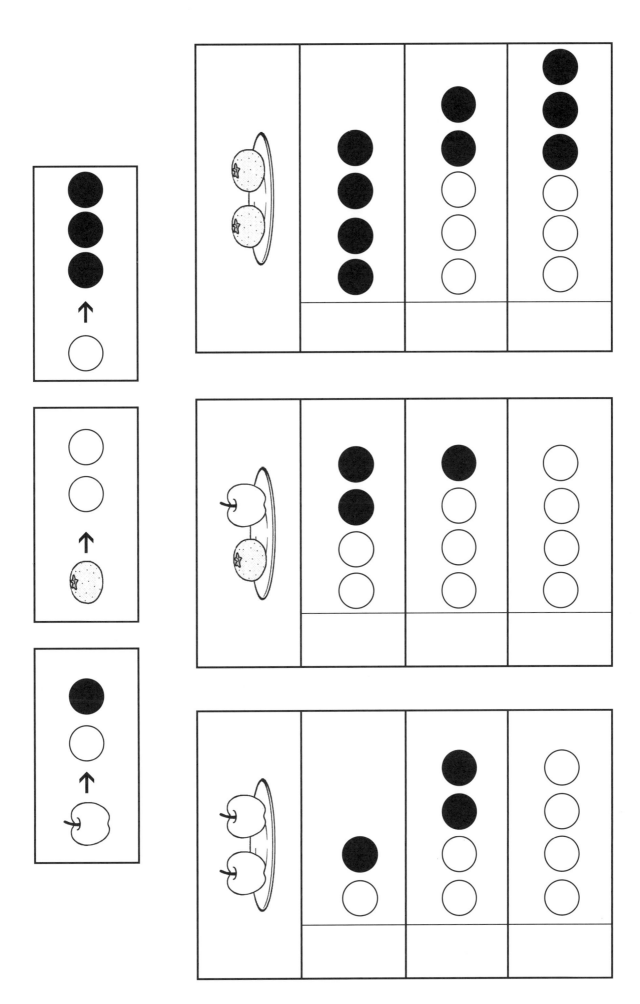

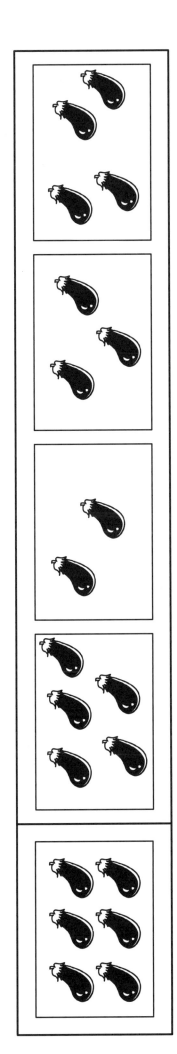

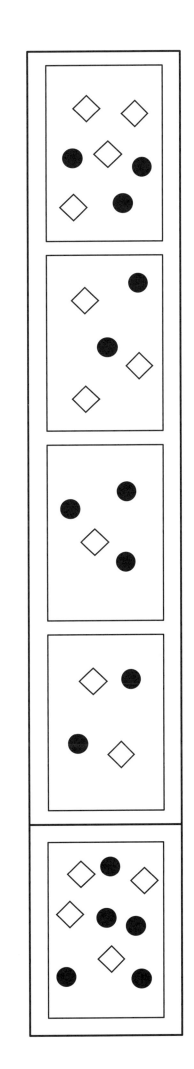

問題 06

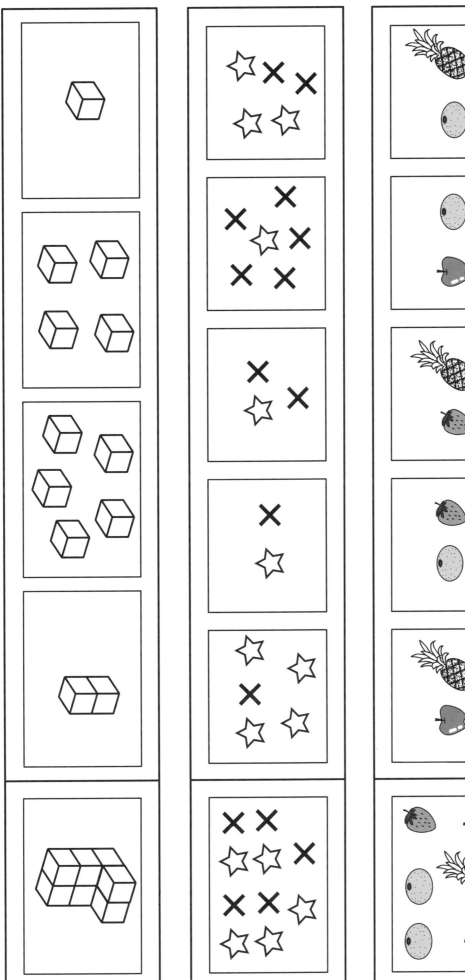

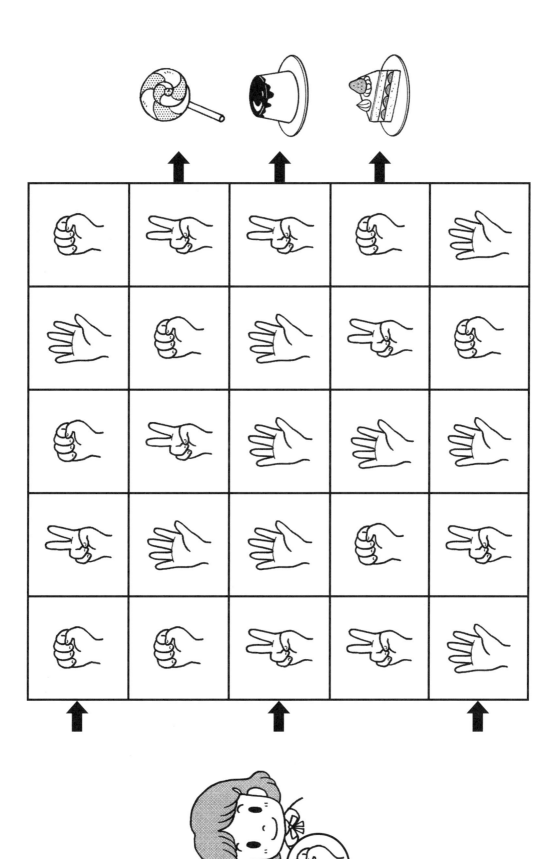

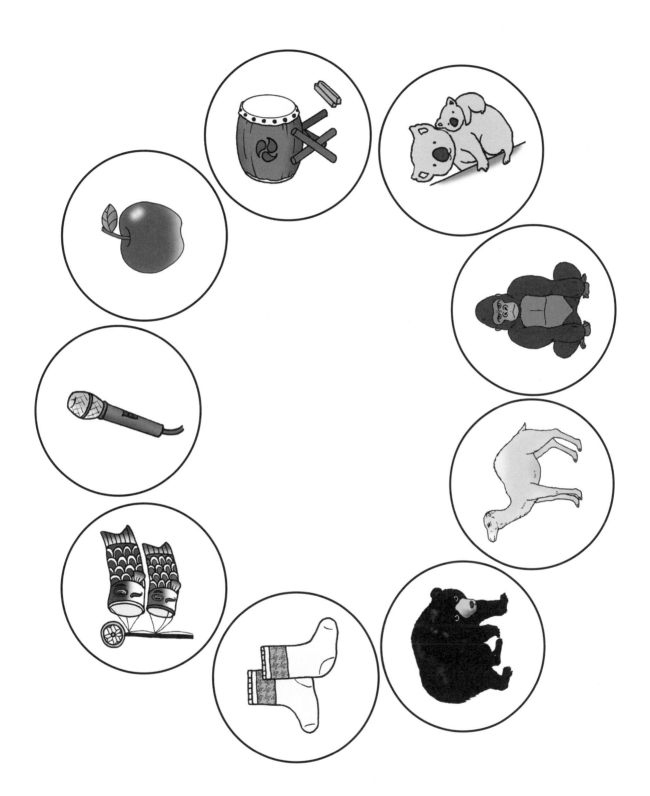

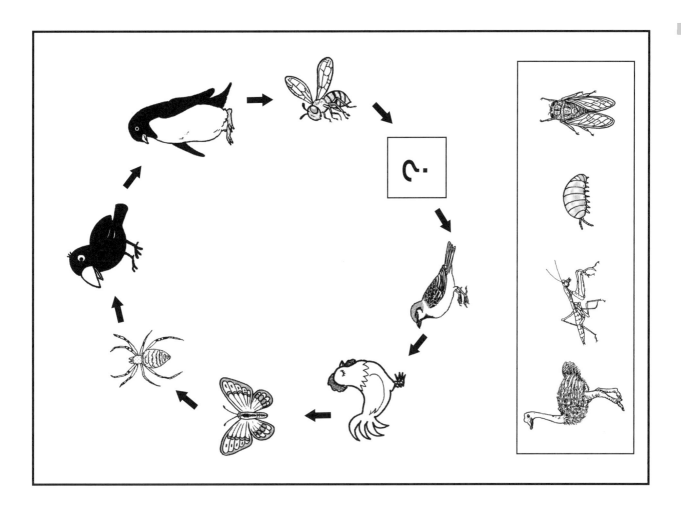

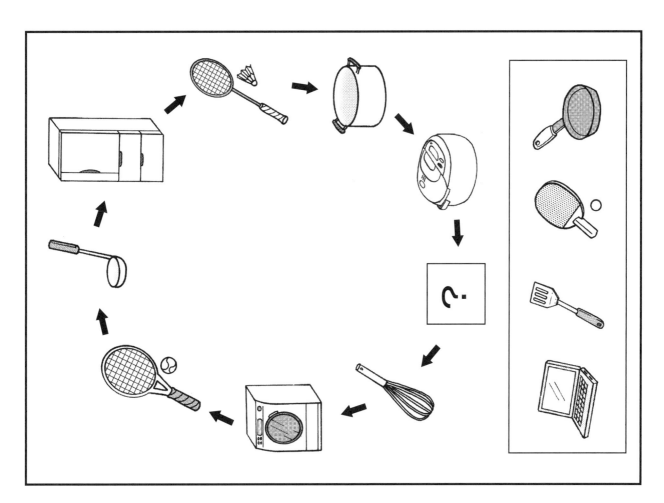

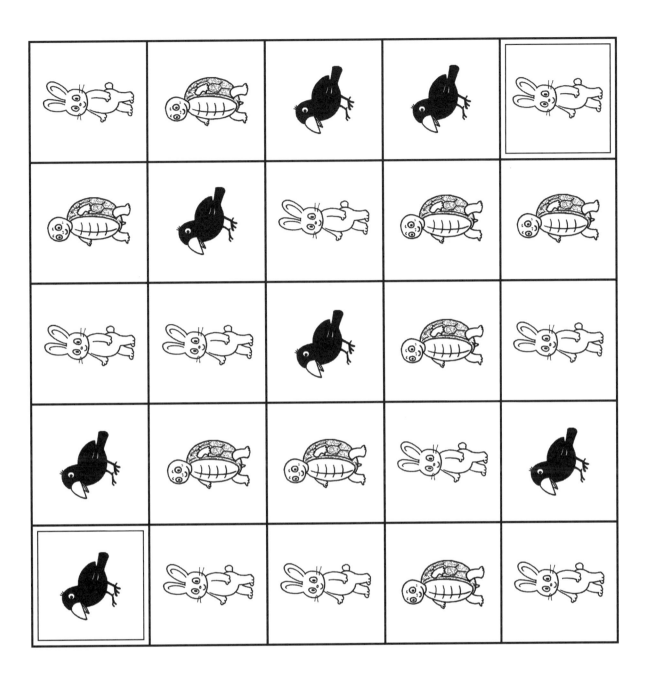

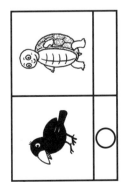  

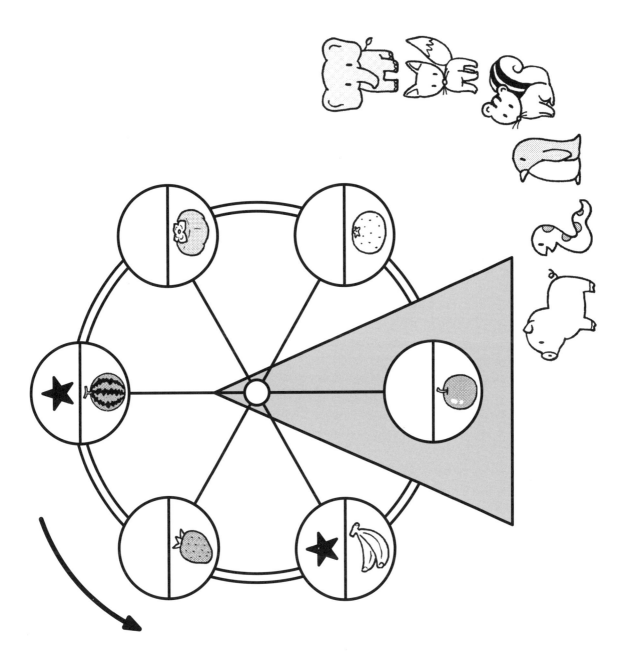

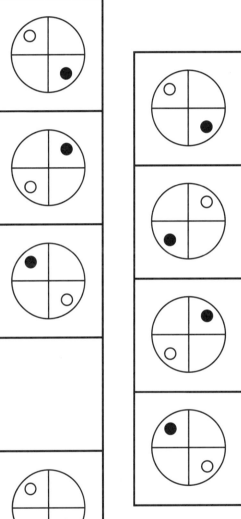

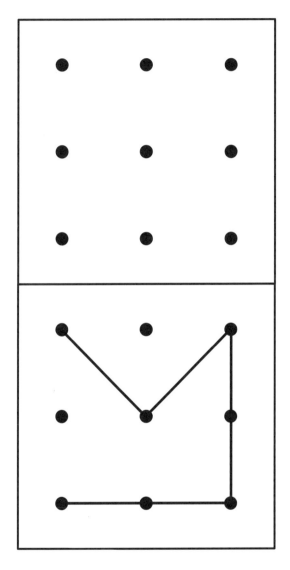

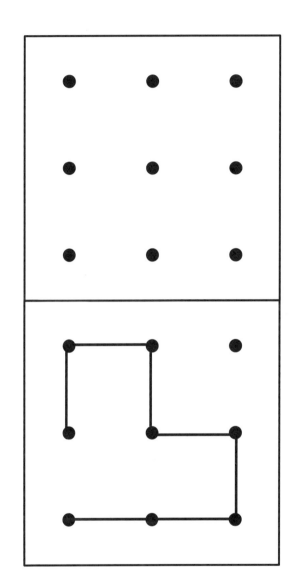

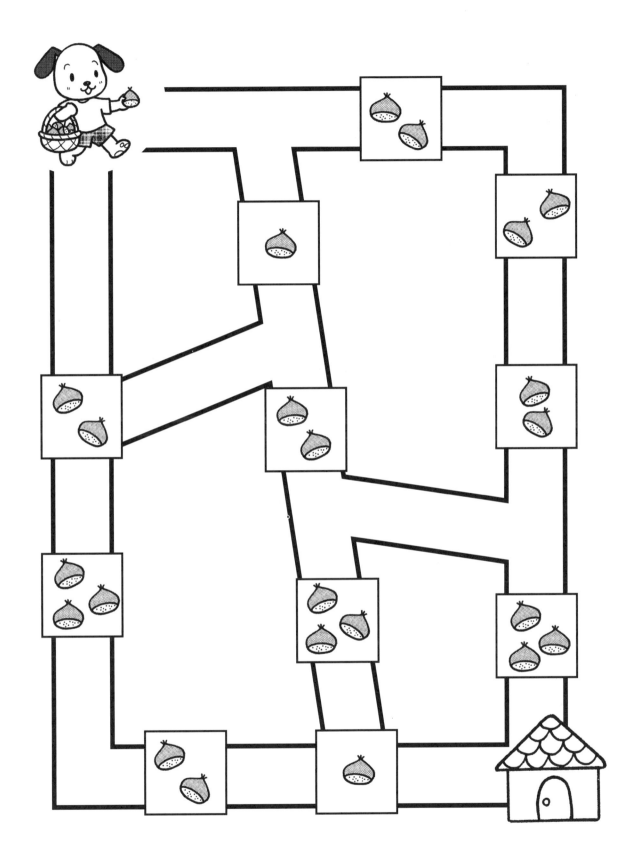

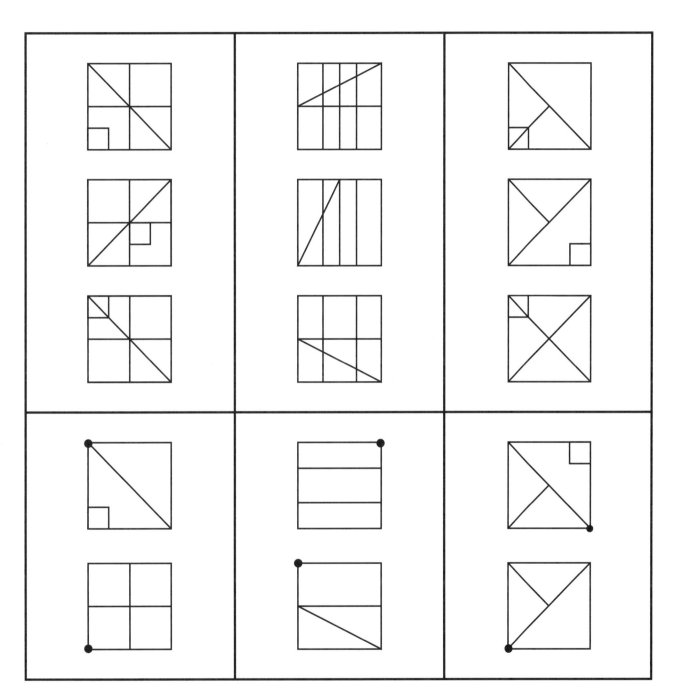

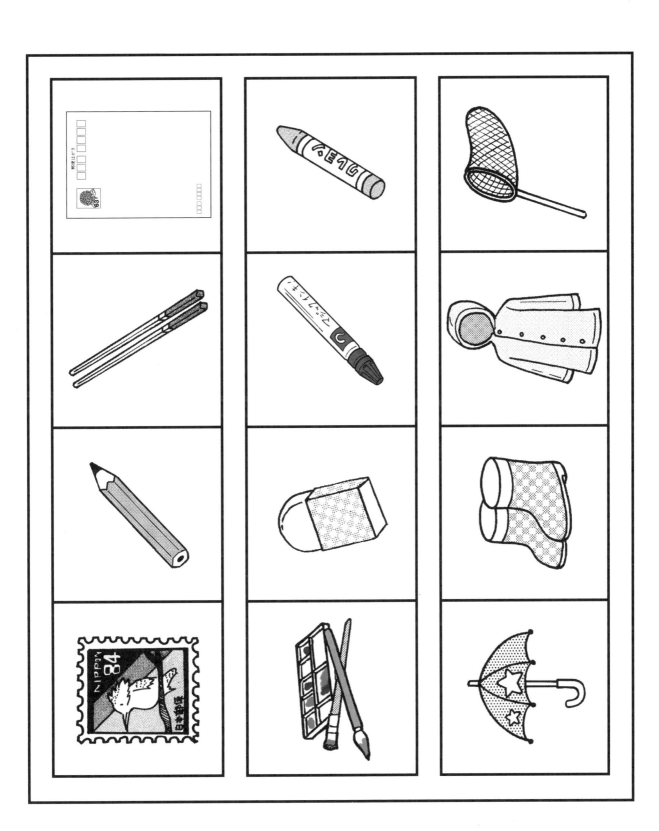

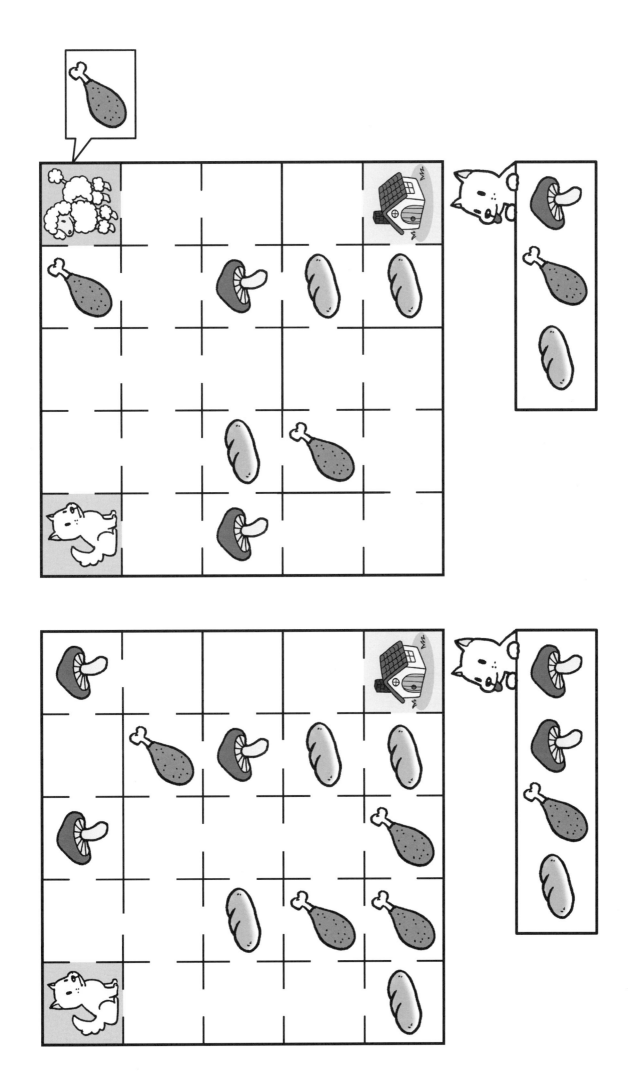

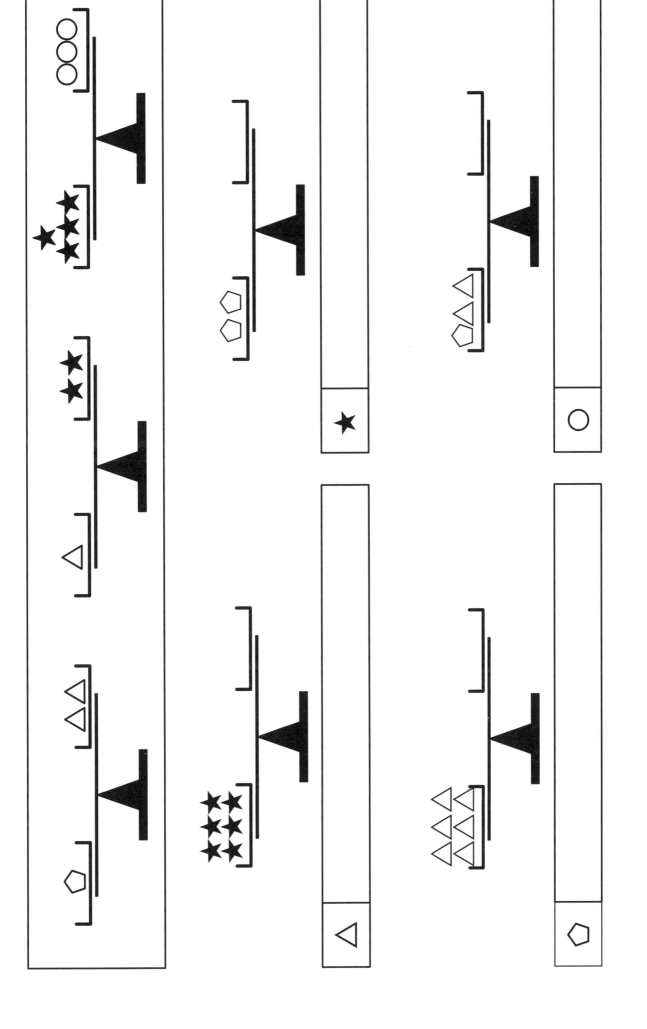

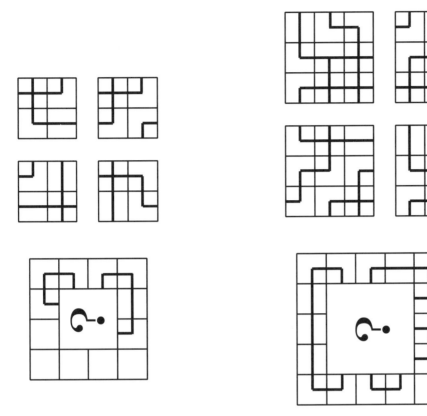

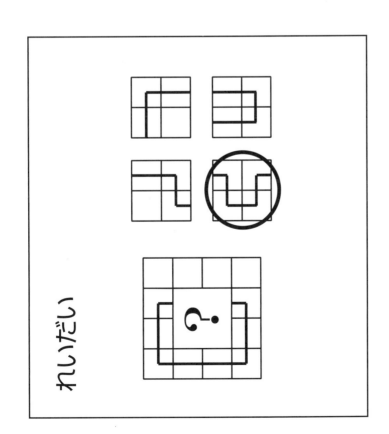

れいだい

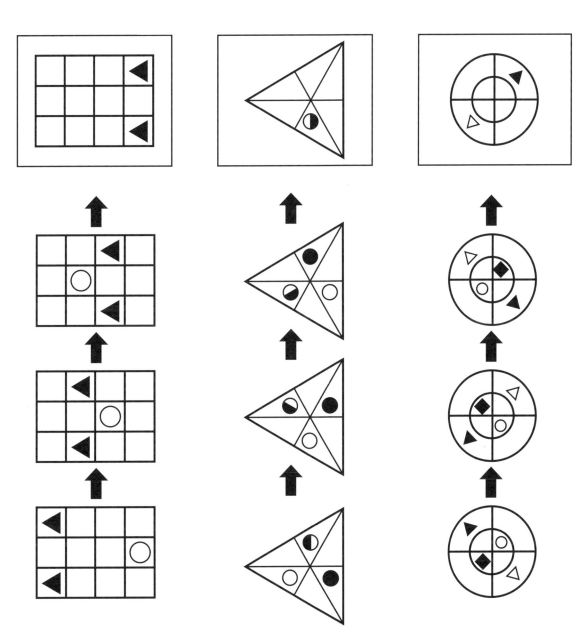

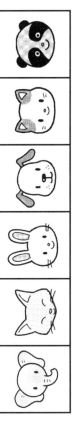

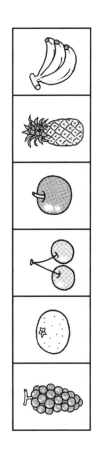

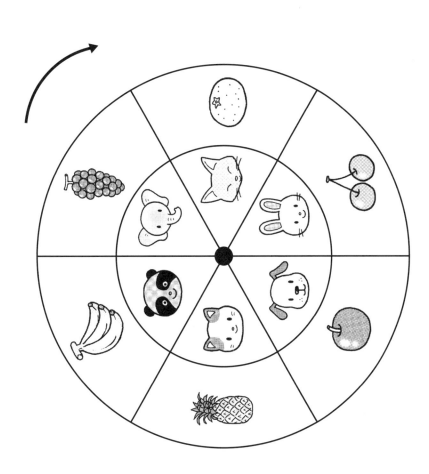

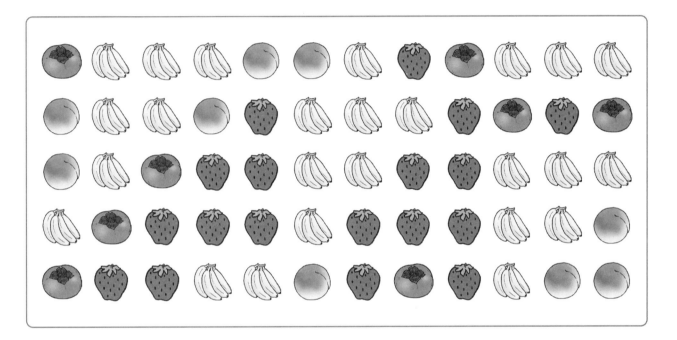

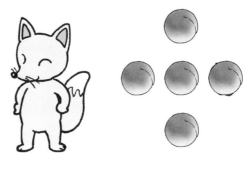

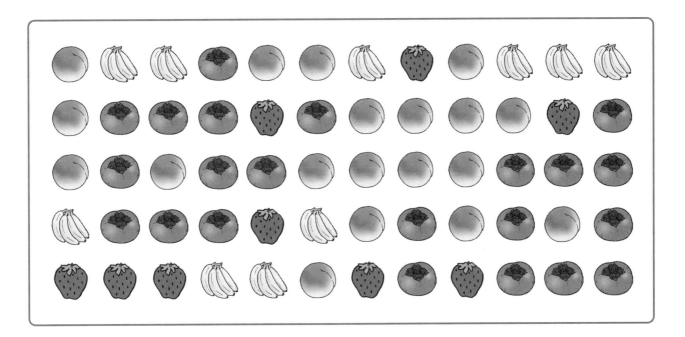

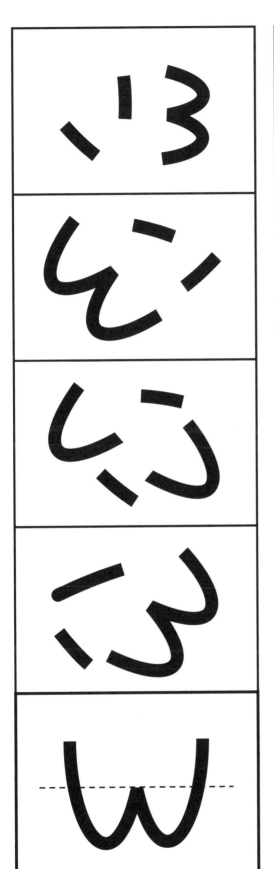

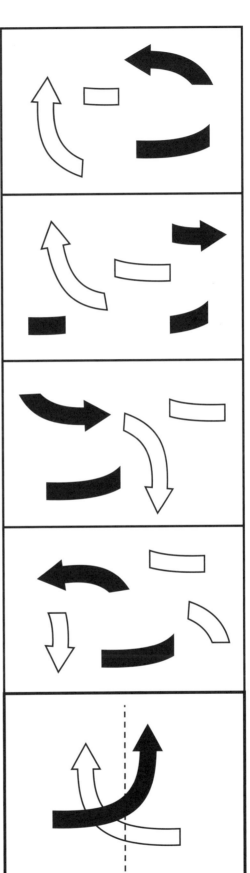

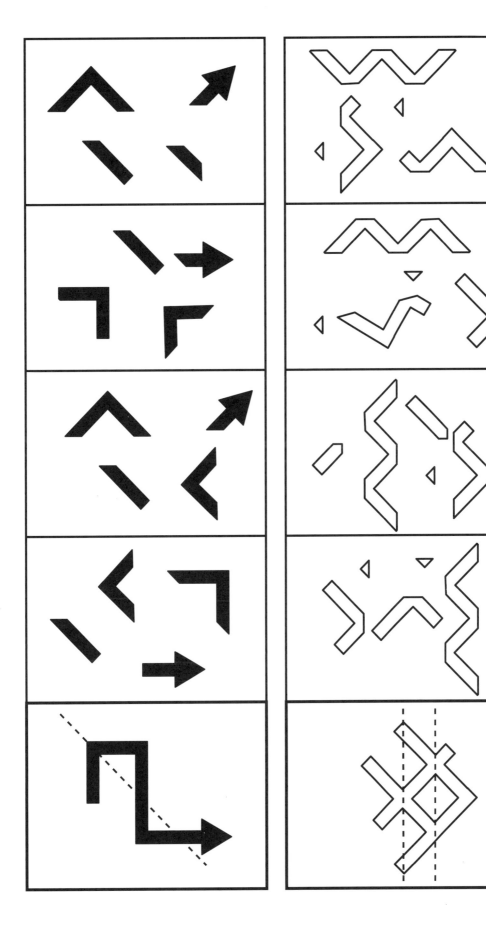

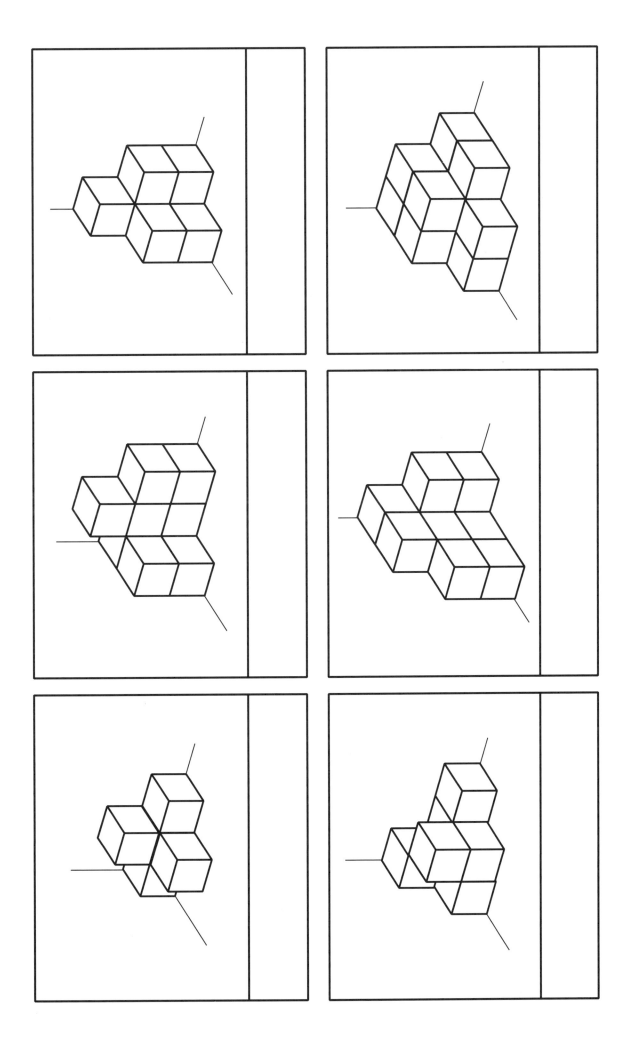

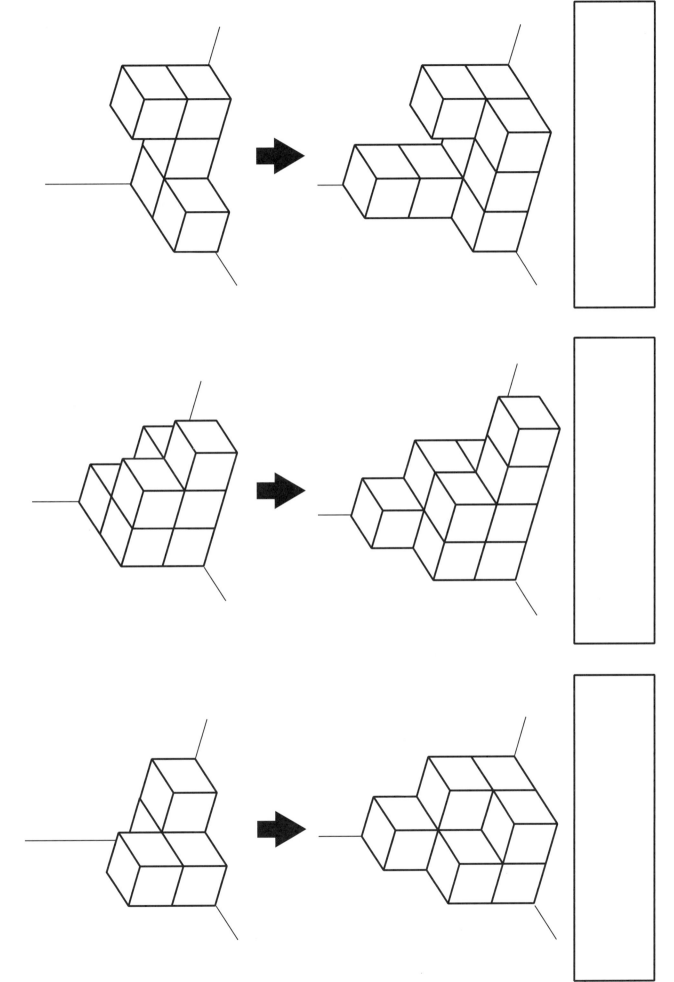

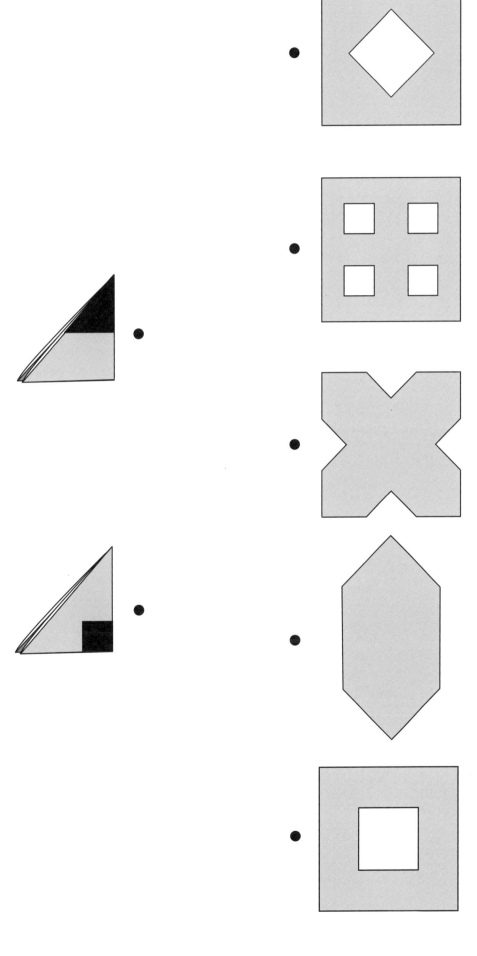

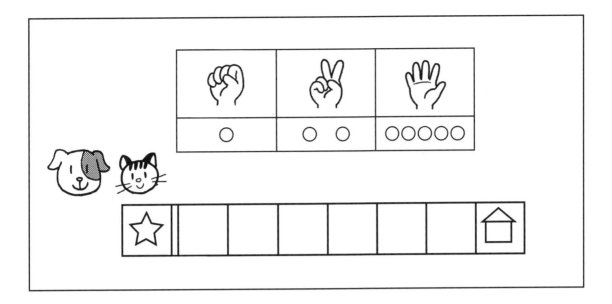

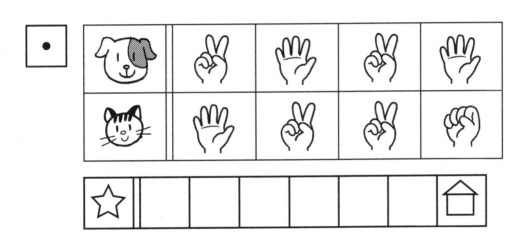

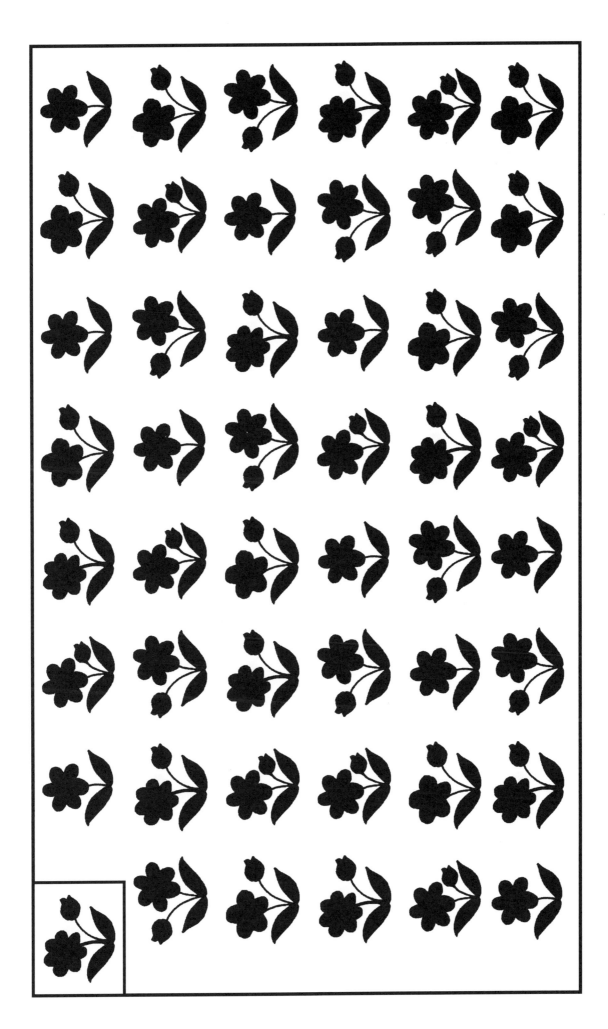

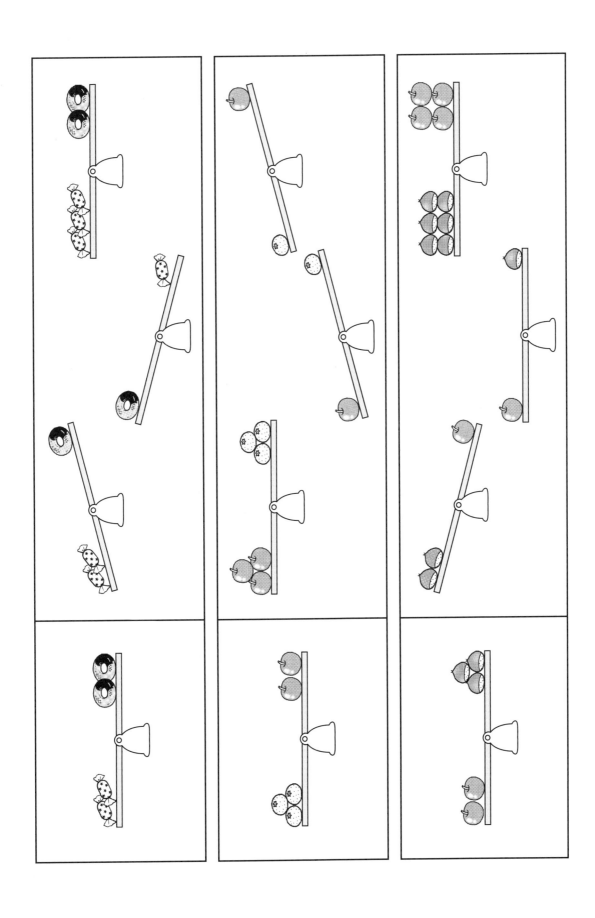

問題 36

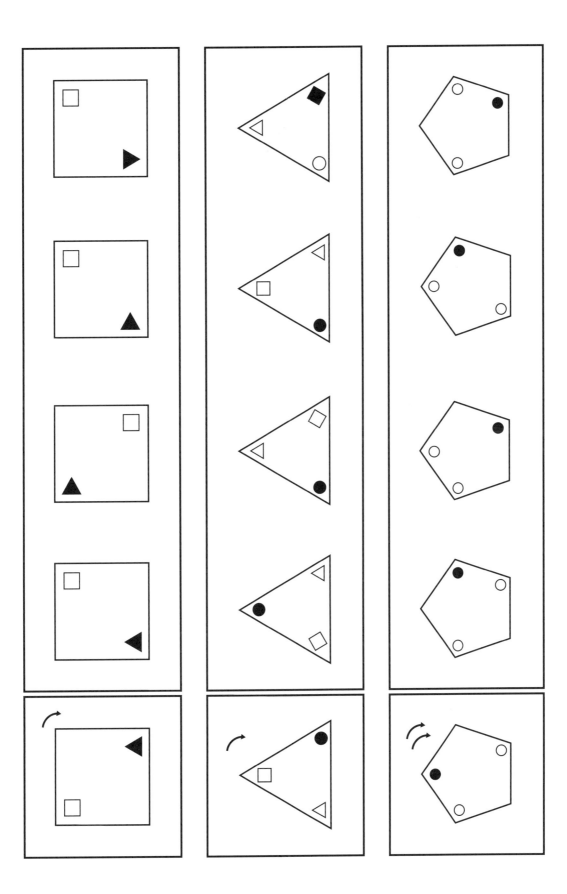

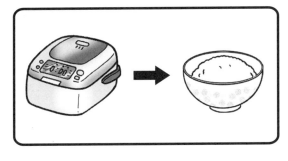

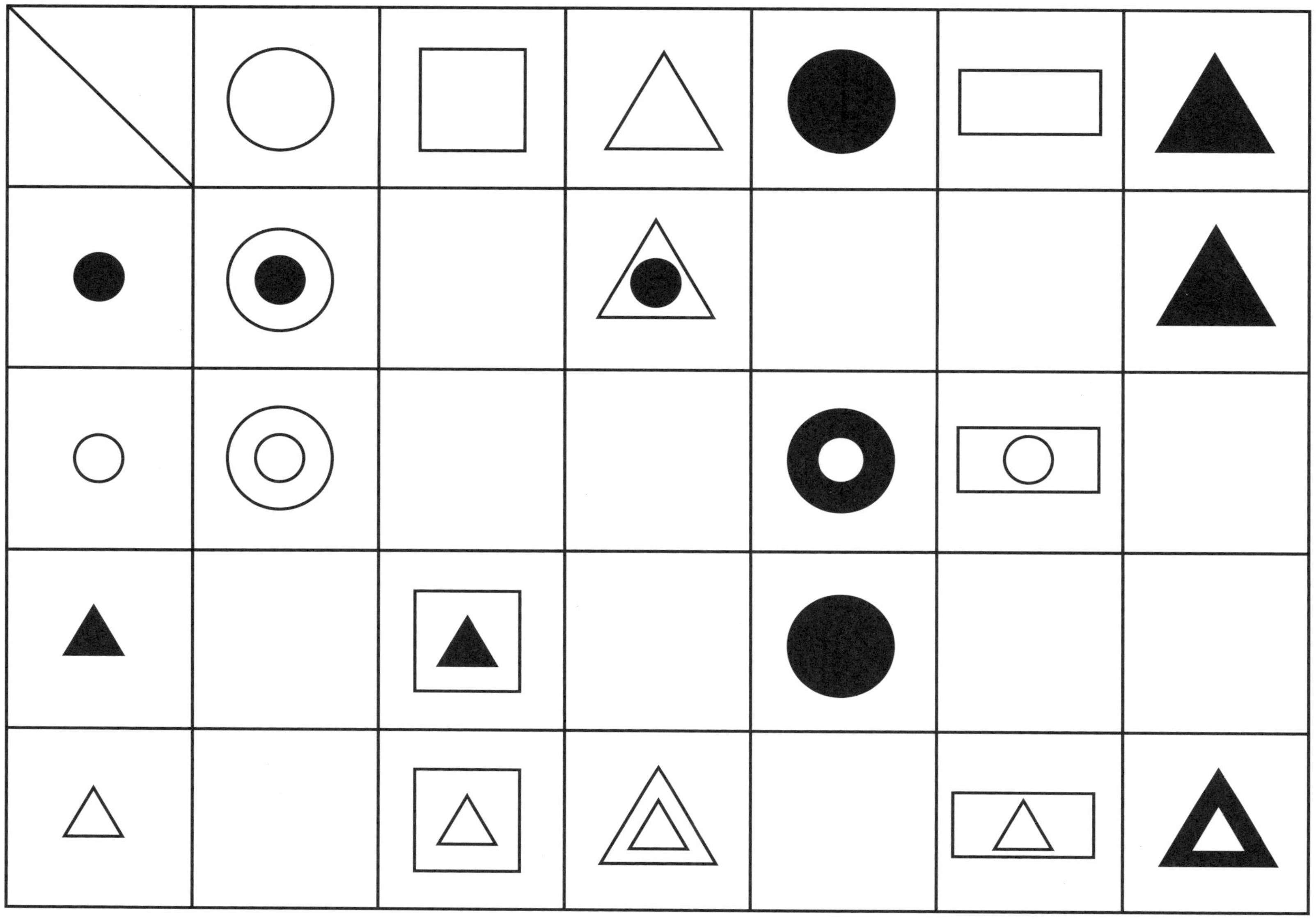

問題 40